LA CITTÀ DI
BATH

Molto è accaduto da quando il leggendario ... maiali si rotolavano placidamente nelle acqu... acqua calda di Bath o dalla costruzione delle terme romane presso il santuario di Minerva, dea delle acque sacre. La storia ha lasciato la propria impronta a Bath e ne sono testimonianza la splendida abbazia e l'elegante architettura del periodo georgiano.
La città di Bath è talmente importante a livello storico che nel 1987 venne dichiarata "Patrimonio dell'Umanità". Questa guida vi farà scoprire i tesori di questa storica città, il cui presente è affascinante tanto quanto il suo passato.

AQUAE SULIS

LA STORIA DI BATH

Secondo la leggenda, Bladud, padre di re Lear, fu il primo a scoprire le proprietà curative delle acque.

BATH ROMANA
c.65–70	I Romani costruiscono i bagni ed un tempio nel centro di Aquae Sulis.

ALTO MEDIOEVO
c.757	Probabile fondazione del monastero di San Pietro.
973	Incoronazione a Bath di Edgardo, re d'Inghilterra.

BATH MEDIEVALE
1174	Fondazione dell'Ospedale di San Giovanni – istituto di beneficenza attivo a tutt'oggi.
1189	Bath riceve il suo primo privilegio reale.
1256	La sovranità della città passa ai cittadini di Bath.
c.1400	Chaucer cita la "comare di Bath" ne *I racconti di Canterbury*.
1480	Costruzione della casa di Sally Lunn.

BATH ALL'EPOCA DEI TUDOR
c.1500	Il vescovo Oliver King inizia i lavori di costruzione dell'attuale abbazia.
1574	La regina Elisabetta I visita Bath.
1590	Alla corporazione viene concesso il diritto di governare la città.

BATH ALL'EPOCA DEGLI STUART
c.1613	La regina Anna, sposa di Giacomo I, visita Bath.
1645	Bath si arrende all'esercito parlamentare.
1668	Samuel Pepys visita i bagni termali.

L'ERA DELL'ELEGANZA
1702	La regina Anna visita Bath e per la città inizia un periodo di grande splendore, al quale contribuiranno "Beau" Nash, Ralph Allen e John Wood.
1727	Scoperta della testa di Minerva durante gli scavi di una fossa della rete fognaria in Stall Street.
1781	Herschel scopre il pianeta Urano dalla "Casa di Herschel".
1790	Ricostruzione della Sala delle Pompe. Vengono scoperti i gradini e parte della facciata del tempio romano.
1830	Il vecchio ospedale generale viene dotati di bagni.

BATH ALL'EPOCA VITTORIANA
1840	Il primo francobollo viene spedito da 8 Broad Street.

EPOCA MODERNA
1909	Fondazione della "Old Bath Preservation Society", associazione dedita alla conservazione di Bath.
1916–36	Ricostruzione ed ampliamento dei Bagni reali.
1977	Sostituzione delle cancellate della Queen Square, per commemorare il 25° anniversario dell'ascesa al trono della regina ed il 250° anniversario della costruzione della piazza.
1987	Bath viene dichiarata "Patrimonio dell'Umanità".

Dalle terme continuano a fuoriuscire 1.100.000 litri di acqua al giorno, a 46,5°C.

I Romani svilupparono l'attuale insediamento di Bath poco dopo il loro arrivo in Gran Bretagna, nel 43 d.C. La località era militarmente strategica, in quanto sorgeva all'incrocio tra la Fosseway (zona delle trincee) ed il fiume Avon, circondata da fertili terreni agricoli e dalle miniere di stagno e di piombo delle colline di Mendip. In questa terra fredda e umida le acque calde sembravano possedere proprietà miracolose, per cui i Romani decisero di consacrare le terme a Minerva, la dea romana della salute e della guarigione, ed a Sulis, la dea celta alla quale le terme erano dedicate già da secoli, ed in onore di entrambe le divinità, costruirono un tempio poco lontano. Presso il museo dei Bagni romani si possono ora ammirare le rovine del tempio originale ed una ricostruzione dell'intero complesso termale.

Aquae Sulis fu il nome attribuito dai Romani alla città. In breve tempo essi impararono a sfruttare le proprietà curative delle acque calde e dei vapori che fuoriuscivano dai bagni denominati King's Bath (il bagno del Re), Cross Bath (il bagno della croce) e le terme Hot Bath (bagno caldo). Le acque termali provengono dalle piogge cadute circa 10.000 anni fa, penetrate in profondità nella terra e fuoriuscite in periodi successivi a causa delle temperature elevate sviluppatesi nel nucleo interno del pianeta. Gli ingegneri romani incanalarono le acque mediante un sistema di tubazioni sigillate con piombo, che distribuivano l'acqua ai diversi bagni. Questi erano decorati da stupende colonne, e ben presto si trasformarono in uno splendido stabilimento balneare.

La dea Sulis Minerva era venerata da moltissime persone, che si recavano in pellegrinaggio al santuario per chiedere protezione o aiuto per vendicarsi dei nemici. Se a qualcuno veniva rubata una tunica o un cavallo, ci si rivolgeva alla dea Minerva ricorrendo all'aiuto dello scriba del tempio, che redigeva un messaggio. Queste maledizioni servivano a rendere pubblico il nome del presunto colpevole, nonostante non si fosse certi della sua identità, ed a far vivere il vero colpevole nella costante paura di essere castigato. Il messaggio veniva scritto su un foglio di peltro e quindi gettato nelle acque termali.

I bagni caldi trasformarono Aquae Sulis nel centro ideale per la cura della salute e lo

IN ALTO: Testa della Gorgone, disegno romano scolpito in stile celtico sul frontone del tempio.

IN CENTRO A SINISTRA: Una delle numerose maledizioni incise su stagno, risalenti all'epoca romana. Queste iscrizioni rivelano le piccole irritazioni della vita quotidiana dell'epoca ed offrono una lista dei cittadini di Bath, con particolari sulle loro famiglie e posizione sociale.

A SINISTRA: Caraffa romana di bronzo per l'olio, del II–IV secolo d.C.

PAGINA PRECEDENTE: Vista del ponte di Pulteney dalla diga di ritenuta.

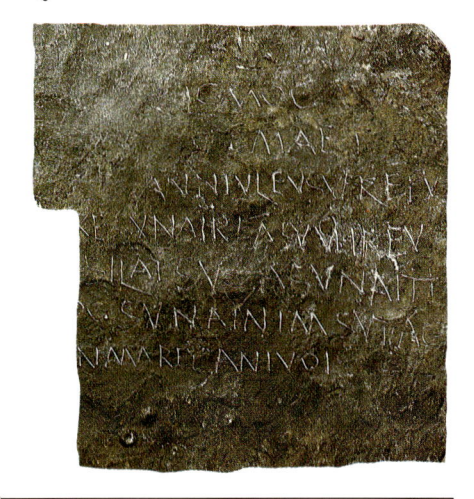

"La dea Minerva presiede queste terme e nel suo tempio il fuoco eterno non si spegne mai", scrisse un autore romano del III secolo. All'epoca si credeva che la dea vivesse sotto alle acque calde e rispondesse alle preghiere dei fedeli che si rivolgevano a lei per guarirli dalle malattie o risolvere casi di ingiustizia. Durante gli scavi delle fogne di Stall Street, nel 1727 fu scoperta una testa in bronzo di Minerva; gli scavi successivi riportarono alla luce i bagni romani.

PAGINA OPPOSTA: Testa di bronzo di Sul Minerva, scoperta nel 1727. Minerva, la dea romana della saggezza, delle arti e delle scienze, e della guerra, protegge le sacre terme.

svago. Il bagno era un vero e proprio rito. I Romani erano soliti svestirsi nello spogliatoio prima di esercitarsi in palestra. Passavano poi nel bagno tiepido (tepidarium) prima di sudare nel bagno caldo (calidarium). Qui si cospargevano il corpo di olio, che rimuovevano con un raschietto apposito, e talvolta si facevano fare un massaggio prima di tuffarsi nel bagno freddo (frigidarium). Potevano anche visitare l'equivalente delle saune moderne (laconicum) per poi bagnarsi una seconda volta nel frigidarium.

Queste attività erano allietate da giullari e altri commedianti, mentre massaggiatori e addetti alla manicure, servi e schiavi si prendevano cura dei propri padroni. Il bagno era un momento sociale: gli amici si incontravano per parlare e partecipare ai giochi di società, mentre gli uomini d'affari discutevano di importanti questioni commerciali.

I bagni caldi e quelli tiepidi venivano riscaldati dall'ipocausto romano, metodo di riscaldamento costituito da una caldaia a carbone nella quale si generava aria calda, incanalata sotto il pavimento ed all'interno delle pareti. Gli spessi mattoni dei muri, dei pavimenti e del soffitto a volte, mantenevano costante la temperatura interna.

Nell'anno 410 tutte le truppe romane furono richiamate in patria per difendere Roma ed i bagni vennero abbandonati alle incurie del tempo.

IN ALTO: Le sorgenti delle terme sacre continuano ad alimentare il Grande Bagno con 1.100.000 litri di acqua al giorno, che scorre ad una temperatura costante di 46,5°C.

A SINISTRA: Frammento del mosaico ritrovato nell'angolo nord-occidentale della città.

PAGINA OPPOSTA: Il Grande Bagno romano.

6 L'ABBAZIA E I BAGNI

Il destino ha distrutto questa splendida opera muraria.
L'imponente edificio è crollato al suolo, portandosi con sé il lavoro di Titani.

POEMA ANGLOSASSONE DELL'VIII SECOLO

IN ALTO: Vista orientale dell'abbazia di Bath.

A DESTRA: La vetrata di re Edgardo, che ne illustra l'incoronazione. Sebbene all'epoca non esistesse alcun ordine fisso per l'incoronazione, la cerimonia celebratasi a Bath stabilì per la prima volta il protocollo da seguire per l'incoronazione dei reali inglesi, tuttora in vigore.

Le rovine delle terme romane cedettero il passo alla nascita di un dignitoso borgo inglese che si sviluppò attorno ad un monastero sassone, fondato per volere del re Osrico nel 676 e abitato da un ordine di monache guidate dalla badessa Bertana. Sembra però che nel 758 sia stato sostituito da un monastero di monaci dell'ordine di San Pietro.

A soli due secoli dalla fondazione, l'abbazia sassone divenne una delle più importanti chiese d'Inghilterra. Il patrocinio reale continuò e culminò con l'incoronazione di re Edgardo, avvenuta il giorno di Pentecoste del 973, alla quale presenziarono gli arcivescovi di Canterbury e di York. Per commemorare l'unificazione di tutta l'Inghilterra, nei pressi dell'abbazia venne eretta una croce nello stile della regione di Northumbria.

Nel 1088 la città reale di Bath, compresa l'abbazia, venne distrutta parzialmente dai nemici del re Guglielmo II il Rosso. Una volta salito al trono, questi nominò vescovo di Bath il proprio medico e cappellano personale, Giovanni da Villula, che trasformò la piccola abbazia in una cattedrale dalle dimensioni impressionanti, talmente grande che la sola navata occupava l'intera area dell'odierna abbazia. Inoltre, ampliò la città e restaurò i bagni romani. L'autore degli *Atti di Stefano* (il cui regno durò dal 1135 al 1154) scrisse: "Qui giungono gli infermi provenienti da ogni angolo d'Inghilterra, per lavare via le malattie nelle acque miracolose...."

Per permettere ai poveri ed agli ammalati di trarre beneficio dalle acque, nel 1180 il vescovo Reginaldo fondò la più vecchia istituzione benefica di Bath, l'Ospedale di San Giovanni (St John's Hospital), diretto da monaci agostiniani che attualmente sorge dietro alla Abbey Church House.

Dei bagni normanni non rimane che qualche rovina, anche se un tempo questi furono sufficientemente famosi per essere citati da Chaucer ne *I racconti di Canterbury*: "C'era una comare

A SINISTRA: La principale caratteristica architettonica dell'abbazia sono le graziose volte a ventaglio della navata, caratterizzate da nervature e pannelli raffiguranti gli stemmi dei santi patroni. Le volte furono disegnate da William Vertue.

IN BASSO: Nella sacrestia del coro si conservano alcuni resti della cattedrale normanna e delle chiese sassoni di Bath. Uno dei resti più antichi è il braccio di una croce di Wessex (VIII secolo), chiamata Croce di Sant'Aldelmo, trovata nei pressi del Cross Bath.

proveniente da un luogo nelle vicinanze di Bath, molto abile al telaio." Bath divenne famosa come "città dei tessitori" e si affermò come uno dei principali centri manifatturieri dell'Inghilterra occidentale.

Eppure, nel 1449, quando Enrico VI visitò Bath, l'abbazia era praticamente in rovina ed i bagni in decadenza. Tuttavia, cinquant'anni dopo, entrambi furono oggetto di riforme attuate dal vescovo Oliver King, il quale ebbe una visione mistica, riprodotta nella facciata occidentale dell'abbazia. Gli apparve infatti la Santissima Trinità ed una scala dalla quale un gruppo di angeli saliva e scendeva.

L'ABBAZIA E I BAGNI

IN ALTO: L'antico coperchio ottagonale in legno del fonte battesimale, sormontato da tre figure di bambini, che Thomas Bellot donò alla chiesa nel 1604. Il fonte di pietra risale al 1710 circa e sopra di esso si può osservare una lapide in memoria di James Quin, comico del XVIII secolo, con un epitaffio scritto dall'amico David Garrick.

A DESTRA: Le torri della facciata occidentale sono decorate con una scala raffigurante alcuni angeli che salgono e scendono dal cielo; ai lati si possono osservare i Dodici Apostoli e al di sopra della grande vetrata occidentale sono raffigurati la Santissima Trinità ed un coro di angeli.

Ai piedi della scala c'era un ulivo incoronato. Il vescovo sentì una voce che gli disse: "Un albero di ulivo istituirà la corona e un re restaurerà la chiesa." Gli sembrò che il gioco di parole nascondesse in realtà un messaggio diretto a lui personalmente per cui nominò William Birde priore affinché progettasse la nuova chiesa.

Nel 1574 la regina Elisabetta I criticò severamente le malsane condizioni in cui venivano tenute le vie della città, e nel 1590 promulgò un editto municipale che segnò la nascita di una nuova era di splendore per Bath. Scienziati e medici, che superavano in numero quello dei pazienti, si dedicarono a studiare le proprietà curative delle sue acque.

I bagni termali divennero sempre più popolari e lo stesso Shakespeare, infatuato della Dama Scura nel 1592/3, si recò a Bath per trovare un "rimedio" per il suo mal d'amore.

"Sofferente, io cercai il sollievo di quel bagno
ed ivi mi affrettai, distrutto e disperato;".

Bath era la destinazione d'obbligo delle persone affette da malattie veneree, una piaga tipica del periodo elisabettiano.

I cinque bagni, aperti alle intemperie, erano molto sporchi. Nel 1687 Celia Fiennes scrisse che le acque delle terme presentavano uno sgradevole strato di sudiciume, che doveva essere rimosso ogni giorno. Nonostante ciò, "le dame si bagnavano con abiti di fine stoffa gialla, dalle ampie maniche... I gentiluomini portano pantaloni e gilet della stessa tela." Dalla galleria del Cross Bath, riservata all'aristocrazia, i musicisti intrattenevano i presenti mentre i visitatori passeggiavano attorno al King's Bath. Alcuni di essi erano evidentemente sorpresi da quanto si presentava loro innanzi, come testimonia la dichiarazione di questo visitatore proveniente da Norwich:

"Gente di tutti i tipi, forme e dimensioni, provenienti da ogni paese. Uomini e donne affetti dalle malattie più disparate. Giovani e vecchi, ricchi e poveri, ciechi e zoppi, infermi e sani, inglesi e francesi, uomini e donne, ragazzi e ragazze, tutti insieme... appaiono nudi e pieni di vergogna adottando posizioni

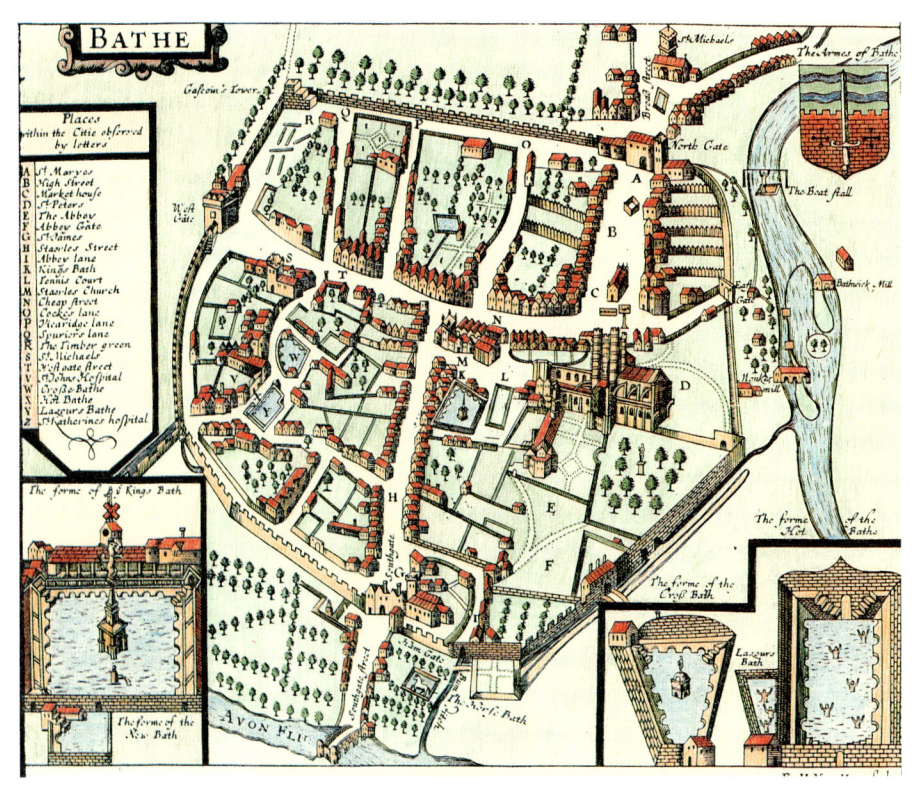

A SINISTRA: La mappa di John Speed, pubblicata nel 1610, mostra il recinto dell'abbazia poco dopo la Dissoluzione. La navata è ancora rappresentata senza tetto ed il recinto venne ristrutturato dai governanti della Città in epoca successiva.

IN BASSO: La vetrata orientale dell'abbazia di Bath raffigura 56 scene ispirate alla vita di Cristo. In seguito ai danni causati dal bombardamento della città, nel 1942, venne restaurata dal bisnipote del disegnatore originale.

impacciate. È una visione sorprendente e sconcertante, che richiama alla memoria l'immagine della Resurrezione."

Dopo aver visitato Bath nel 1668, Samuel Pepys scrisse che "i bagni non sono poi così grandi come me li ero immaginati ma sono pur sempre piacevoli. La città è costruita per la maggior parte di pietra e le sue strade sono pulite anche se molto anguste." Bath era "la più bella città del Regno, al tempo stessa piccola ed elegante". Ma John Evelyn trovò che "le strade sono strette, irregolari e scomode". In effetti, all'epoca la città non offriva molte opportunità di divertimento: non esistevano saloni spaziosi per eventi sociali, le taverne erano solitamente affollate ed ai visitatori venivano offerte stanze di qualità scadente a prezzi esorbitanti.

L'alta società organizzava feste ed eventi nelle taverne o in residenze private; i balli si svolgevano sui campi da bowling ad est dell'abbazia e, dietro ai muri della città, il parco comunale (Town Common) veniva utilizzato come area per le passeggiate o gli sport equestri. Gli artisti ambulanti intrattenevano l'élite nella Bear Inn Yard (ora Union Street) mentre il popolo si riuniva nella Sawclose per assistere ai combattimenti tra galli o tra cani e orsi. In prossimità della parrocchia di San Michael continuavano ad organizzarsi fiere e balli popolari come all'epoca di Chaucer.

Nei bagni termali, principale attrazione, i corridoi fungevano da spogliatoi comuni dove uomini e donne si cambiavano insieme ed appendevano i vestiti alle pareti luride e maltenute. Il disegno realizzato da Thomas Johnson nel 1672 mostra un "calderone" di uomini e donne mentre si spogliano, attorniati da osservatori, su uno sfondo di case elisabettiane e giacobine. Il tutto assomiglia in modo impressionante alla Londra di Shakespeare.

Alcuni anni dopo, John Wood il Vecchio affermò che durante il regno di Carlo I, "le strade e le vie pubbliche della città si erano trasformate in letamai, mattatoi e porcili… I bagni assomigliavano a gabbie di, completamente privi di modestia; uomini e donne si bagnavano nudi, insieme, di giorno e di notte, e dai

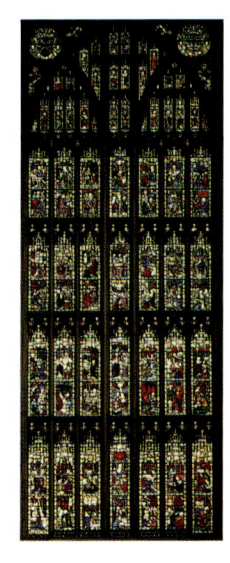

L'ABBAZIA E I BAGNI

A DESTRA: La Casa di Herschel, residenza dell'astronomo scopritore di Urano, ora trasformata in museo.

IN BASSO: Illustrazione del Bagno del Re, di Thomas Johnson, 1672, definito come "un calderone".

parapetti venivano lanciati in acqua cani, gatti, maiali e persino esseri umani..."

Nonostante tutto questo squallore, le acque divennero famose per le loro proprietà curative e per il fatto che sembrava favorissero la fertilità. Nel 1702, la Regina Anna consigliò al Principe Consorte di provare a curarsi alle terme, le quali diventarono una meta sempre più popolare tra gli esponenti dell'alta società. Questo è il commento ironico di Daniel Defoe: "Possiamo affermare che si tratti del luogo preferito tanto delle persone sane che da quelle malate, un luogo che invita gli indolenti e gli sfaticati a commettere il peggiore dei crimini: ammazzare il tempo".

A DESTRA: La casa di Sally Lunn, *c.*1480. Il seminterrato contiene i forni originali. Il famoso dolce chiamato Sally Lunn Bun viene preparato e servito in questa rinomata sala da the.

L'APOGEO DELL'ETICHETTA

*Se alla Sala delle Pompe al mattino ci rechiamo
per bere l'acqua e dimenticare le nostre pene;
Ritardando il progetto che ci tiene occupati;
Scopriamo così che curando una piaga, ne
curiamo mille altre, e ciò ci fa molto bene.*

ANONIMO 1737

A DESTRA: La statua di Nash, opera di Hoare, che domina la Sala delle Pompe. Nash si è adoperato indefessamente per la costruzione dell'Ospedale, sul cui progetto posa la propria mano.

IN BASSO: Il parco Prior, disegnato e costruito per Ralph Allen da John Wood il Vecchio, e un magnifico esempio di architettura palladiana su grande scala.

A Bath, il numero di farmacisti continuò a crescere, ed il costante afflusso di visitatori alla ricerca di divertimenti e cure portò una nuova ventata di vita alla città. Ad un certo punto spuntò un re "non incoronato", Richard "Beau" Nash, senza i cui sforzi Bath sarebbe rimasta una banale cittadina del XVII secolo. La sua passione per le donne e le scommesse lo portò a Bath nel 1705, ma il carattere simpatico, benevolo e sensibile di questo personaggio lo vide affermarsi come Maestro di Cerimonie della città. Nash spinse la Corporazione (la giunta municipale) a riparare le strade ed a promulgare

PAGINA SUCCESSIVA: Il Royal Crescent, una delle più squisite opere architettoniche europee, è una magnifica curva di 30 case costruite in pietra di Bath, unite tra loro dal disegno simmetrico di semplici colonne in stile ionico e da particolari molto curati. I lavori di costruzione furono iniziati nel 1767 da John Wood il Giovane.

A SINISTRA: La Sala delle Pompe.

IN BASSO: Entrata della Sala delle Pompe, 1823.

regolamenti che regolassero le tariffe applicate alle portantine e vietassero di indossare la spada o gli stivali da equitazione nei saloni da ballo.

Mentre Nash era intento a definire nuove regole di comportamento sociale, Ralph Allen si occupava della riforma del servizio postale. Migliorò la navigazione fluviale e sviluppò le cave di pietra di Bath a Claverton ed a Combe Down. Questa pietra era il materiale perfetto per le opere di costruzione dell'architetto John Wood, al quale si deve la posa delle fondamenta della città in stile georgiano. Egli aspirava infatti a costruire una "sontuosa piazza per assemblee, il Forum Reale di Bath; un'altra piazza, non meno spettacolare, per le esposizioni sportive, il Grande Circo, ed una terza piazza, imponente quanto le prime due, per la pratica degli esercizi medici, il Ginnasio imperiale". Wood completò il primo edificio di Queen Square nel 1735, ispirandosi ai principi romani e palladiani.

Sebbene più modesto in ambizioni e carattere, Ralph Allen apprezzava l'architettura del Palladio ed incaricò John Wood di progettare per lui il parco Prior su Combe Down. La residenza signorile, con gigantesche colonne corinzie e balaustrate di pietra, era il luogo ideale per intrattenere personaggi celebri come Fielding (che immortalò Allen come il signorotto Allworthy nella sua opera *Tom Jones*) e Pope, che disse che "[Allen] fece del bene furtivamente, ed arrossì nello scoprire che le sue azioni erano apprezzate e famose".

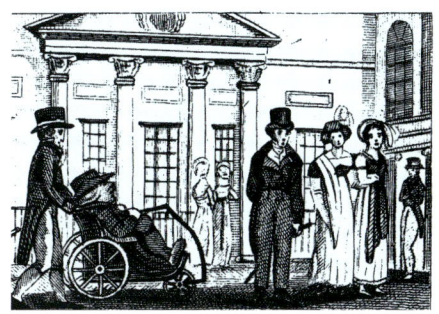

Wood progettò le Parades (1740–43) ed il Circus (vedi pagg. 16–17), la cui costruzione fu terminata dal figlio John, che progettò anche il Royal Crescent (1767–75), le Sale superiori dell'Assemblea (1768–81) e quelli che sono ora noti come gli Old Royal Baths (antichi Bagni reali) di Beau Street (1775–78).

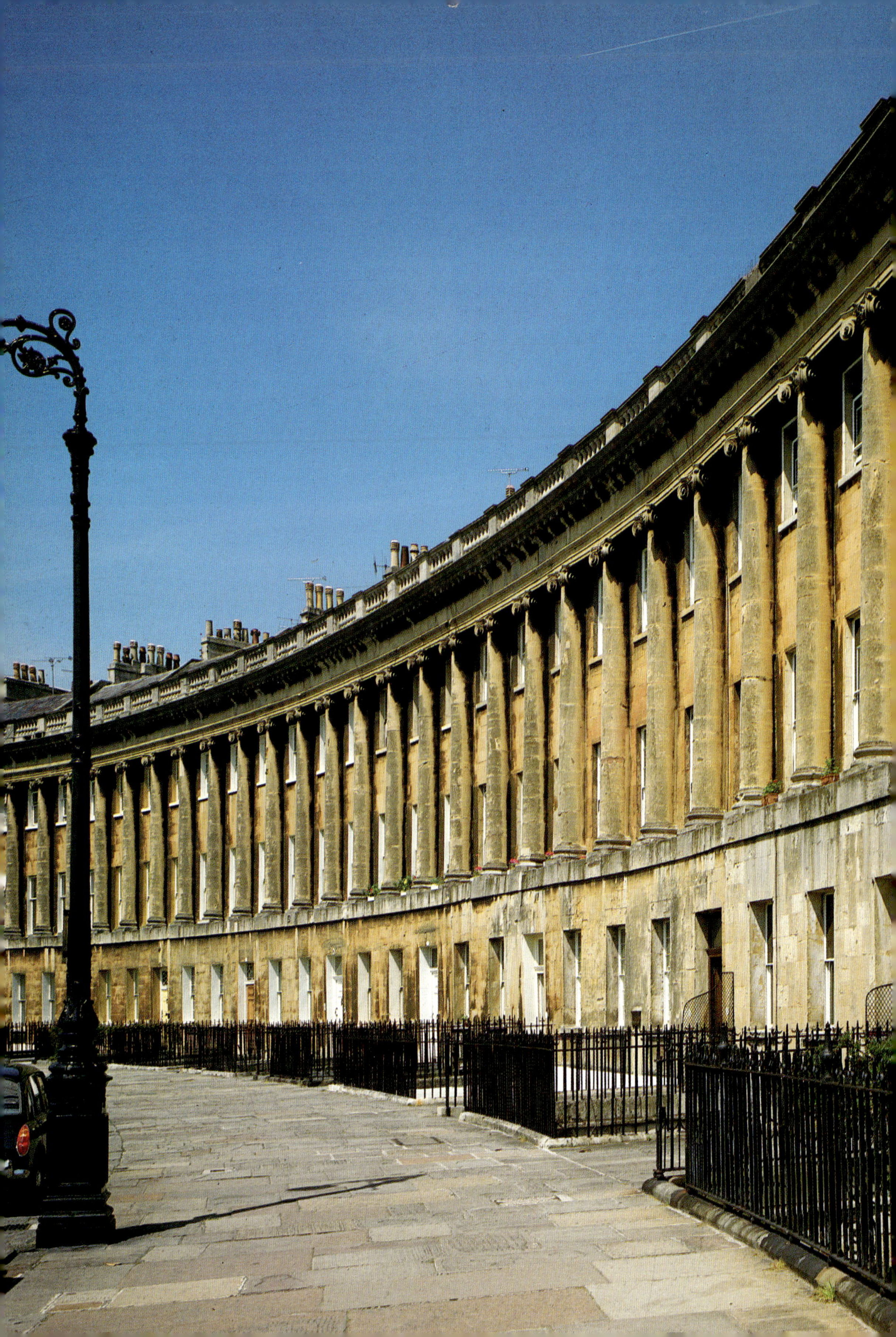

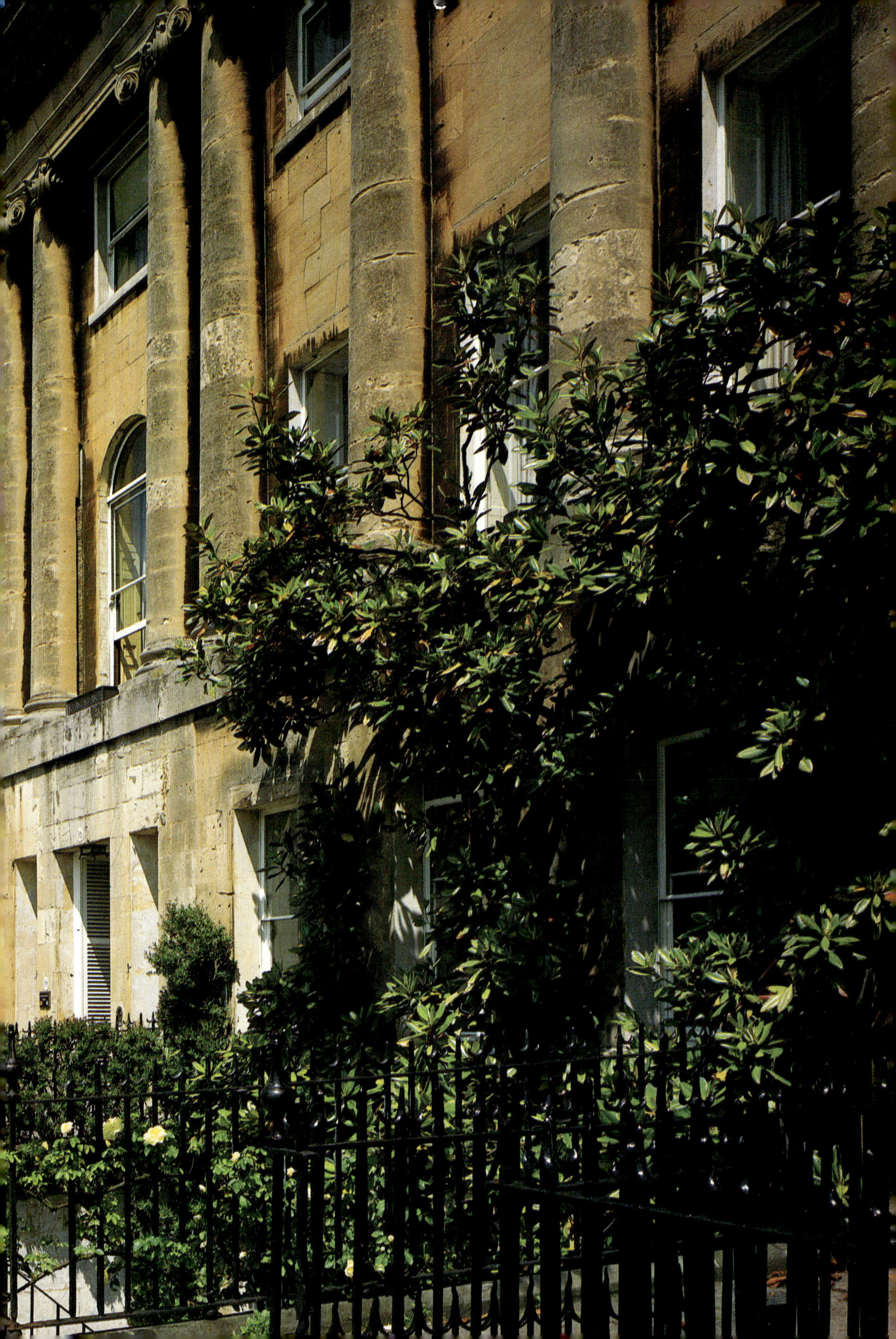

L'ERA DELL'ELEGANZA

È solo a BATH, dove la gente elegante può scendere dalle carrozze dopo un lungo viaggio e pernottare in case o camere d'affitto, accoglienti e confortevoli come se fossero le proprie, ed in molte residenze di uguale splendore... dove individui di qualsiasi età possono trovare i divertimenti più adatti alle loro inclinazioni, a pochi passi di distanza, ed a prezzi moderati.

LA GUIDA ALLA NUOVA PROSA, 1778

IN ALTO A DESTRA: Veduta aerea del Circus.

IN BASSO A DESTRA: Una delle camere dell'appartamento situato al N. 1 di Royal Crescent, consegnato al Bath Preservation Trust nel 1967 per la creazione di un autentico interno in stile georgiano.

IN ALTO A SINISTRA: Parte del fregio composto da 528 simboli delle arti e delle scienze, che si estende su tutta la lunghezza del Circus.

IN BASSO A SINISTRA: La costruzione del Circus venne iniziata nel 1754 da John Wood il Vecchio; è formata da tre serie di colonne in stile dorico, ionico e corinzio, e da un fregio continuo sopra alle finestre del piano terra.

Non vi sono dubbi che l'elegante architettura di Bath era riconosciuta universalmente come una delle virtù della città, e ne è testimonianza la varietà di personaggi famosi e di grandi qualità che hanno vissuto in diversi periodi nel Royal Crescent o nel Circus.

William Pitt "il Vecchio" visse al n. 7 del Circus, dal 1755 al 1767; David Livingstone al n. 13 nel 1864; Lord Robert Clive al n. 14 nel 1774; Thomas Gainsborough al n. 17 nel 1759; Christopher Anstey al n. 5 del Royal Crescent per la maggior parte della sua vita (1725–1805); George Saintsbury al n. 1 dal 1918 al 1933 ed Elizabeth Linley fuggì dal n. 11 con Richard Brinsley Sheridan nel 1772.

Nel 1794, Haydn descrisse così il Royal Crescent: "Oggi ho contemplato la città ed ho scoperto che a metà strada verso la collina sorge un edificio a mezzaluna, più spettacolare di qualsiasi altro che abbia mai visto a Londra. La curva si estende per 100 braccia e ogni braccio è segnato da una colonna corinzia." La stupenda curva è formata da trenta case in pietra di Bath, unite tra loro in un disegno simmetrico di semplici colonne ioniche e di dettagli finissimi. L'opera venne iniziata nel 1767 da John Wood il Giovane e fu la prima volta che nell'architettura inglese si utilizzò un disegno a semicerchio per la costruzione di case. Si dice che il Crescent avesse ispirato il colonnato del Bernini in Piazza San Pietro, a Roma.

18 L'ERA DELL'ELEGANZA

A DESTRA: Uno squisito esempio di artigianato decorativo in ferro, risalente al XVIII secolo, in Beauford Square.

IN ALTO: Uno spegnitoio del XVIII secolo in Queen Square.

A SINISTRA: Somerset Place, progettato da John Eveleigh nel 1793.

IN BASSO: A Bath si possono osservare molti portali scolpiti. Questo si trova in Queen Square.

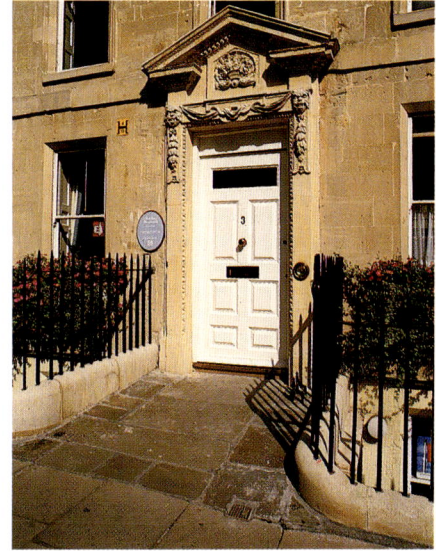

A DESTRA: Abbey Green, che sino al 1539 ospitava gli appartamenti privati dei monaci. Al numero 2 e 2a sorgono ora dei negozi restaurati dal Bath Preservation Trust. Carlo II fu ospite presso la Abbey House.

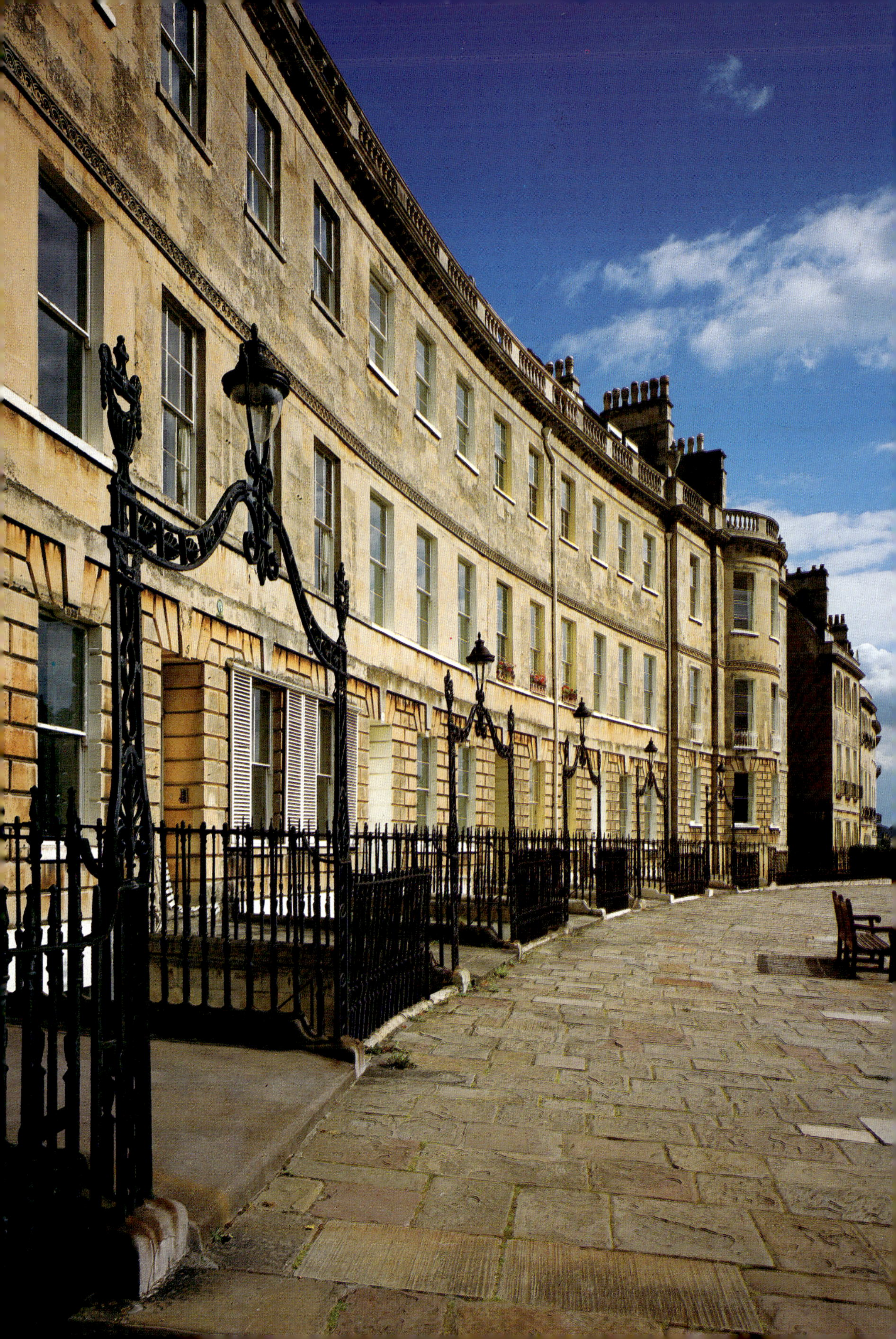

PAGINA OPPOSTA: Lansdown Crescent, progettata da John Palmer, venne costruita nell'ultimo decennio del XVIII secolo. Di disegno puramente classico, la strada a semicerchio è abbellita da un ampio marciapiede e da portalampade di ghisa, presenti in molti ingressi.

IN ALTO: Il parco Prior, la residenza che Ralph Allen fece costruire nel 1735 sul terreno precedentemente di proprietà dei priori di Bath. Ospita attualmente una scuola cattolica per giovani di entrambi i sessi.

A SINISTRA: Widcombe Manor, costruita nel 1721, e la vecchia chiesa, costruita alla fine del 1490 dal priore Cantlow.

I PIACERI SOCIALI DI BATH

IN ALTO: J. C. Nattes, *La Sala da Thè, Le Sale dell'Assemblea*, 1805.

A DESTRA: **Thomas Rowlandson**, *Una festa notturna, le Sale dell'Assemblea*, 1795.

Un visitatore francese che evidentemente condivideva l'avversione di Jane Austen per le abitudini sociali di Bath, osservò che "Bath è una sorta di grande monastero, abitato da persone sole, particolarmente da donne in età avanzata." Queste persone, dopo essersi bagnate ed aver bevuto l'acqua delle terme, dopo una passeggiata o un'escursione a cavallo, avevano bisogno di un edificio pubblico per ritrovarsi a bere il thè e ballare.

Le Sale Superiori dell'Assemblea, in Bennett Street, progettate da John Wood il Giovane e costruite nel 1771, sostituirono quelle precedenti, più piccole, che esistevano sin dal 1708. Le nuove sale erano formate da un salone per i balli, da una sala da thè e da una sala per il gioco delle carte.

Nash morì nel 1761, ma i piaceri del divertimento e la moda continuavano ad essere all'ordine del giorno. La "noblesse" si era trasferita nella parte alta della città, e davanti ai luoghi di riunione erano "parcheggiate" le portantine dei ricchi e dei famosi, mentre le sale erano affollate di gente sfarzosa e vivace. Le stoffe satinate ed elaborate, i lustrini e le sete delle dame, adornate di fiori e perle e gioielli, gareggiavano con gli abiti colorati ed eleganti degli uomini, per non parlare delle mode eccentriche dei Macaroni (damerini del XVIII secolo) o delle parrucche sormontate da piume, "più adatte al palcoscenico o ad un ballo in maschera che a un evento tipico di una società morigerata".

L'abbigliamento trasandato veniva punito con l'espulsione dalla sala da ballo, mentre l'accesso era regolato da un ordine di precedenza, per cui molti forestieri venivano mortificati quando si chiedeva loro di cedere il proprio posto a sedere e di sistemarsi al livello più basso. Fu in quell'epoca che Samuel Johnson e la signora Thrale scoprirono che dalle Sale dell'Assemblea potevano contemplare l'umanità.

Ma Bath si affermò anche come centro musicale dell'Inghilterra occidentale. Sotto la direzione di Venanzio Rauzzini, cantante lirico italiano, si organizzarono diversi concerti che portarono a Bath numerosi artisti di fama internazionale.

Thomas Linley, padre di Elizabeth, futura moglie di Richard Sheridan, diresse un'orchestra composta da dieci musicisti, che si esibirono nelle Nuove Sale, inaugurate nel 1771; mentre nella Octagon Proprietary Chapel di Milsom Street venivano eseguiti gli oratori di Handel, diretti da Alexander Herschel, violoncellista e fratello del famoso astronomo William.

"*È da molto che si trova a Bath, signora?*"
"*Da circa una settimana, signore*", rispose Catherine, cercando di non ridere.
"*Davvero? Ed ha già visitato le Sale Superiori?*"
"*Sì, signore. Ci andai lunedì scorso.*"
"*Ed in generale, Le piace Bath?*"
"*Sì, mi piace molto.*"
"*Ora devo sorridere in modo stupido, e poi potremo intavolare una conversazione più intelligente.*"

ESTRATTO DA JANE AUSTEN,
L'Abbazia di Northanger, 1818

LA BATH DI OGGI

IN ALTO: Il Teatro Reale, costruito nel 1805, uno dei più antichi e meravigliosi della Gran Bretagna. L'auditorium è stato restaurato al suo splendore originale nel 1982. Beau Nash visse nella casa a destra.

IN ALTO A DESTRA: Vista di Old Bond Street dal Mineral Water Hospital, verso Milson Street. Questo angolo è rimasto pressoché immutato dall'epoca di Jane Austen, quando era conosciuto come il centro per lo shopping più famoso dell'Inghilterra occidentale.

Di per sé, Bath non è una città vivace. "La sua posizione circondata da colline sopra al fiume Avon, è pittoresca ma soporifera... Occorre iniettare un po' di vita... Ovunque si osservi sembra che ci sia iniziativa e restaurazione... Sembra quasi che la vecchia cittadina venga rivampata da una nuova vita e vitalità" (Jan Morris, 1982).

Dalla fine della seconda guerra mondiale, si sono intraprese numerose iniziative per ringiovanire Bath. I segni del tempo incrostati nella pietra sono stati cancellati da importanti opere di pulizia degli edifici, e ripristinati al loro antico splendore. In estate, i giardini ed i cestini pendenti si riempiono di fiori e piante, trasformandosi in una meravigliosa visione che spicca contro la delicata pietra di Bath. Una legge del 1925, stabilisce che le facciate degli edifici vengano costruite con un materiale particolare, in sostituzione della costosa pietra, impedendo così il sorgere di edifici antiestetici.

Le vecchie tradizioni sono state rianimate da un vigore moderno. È infatti ancora possibile bere le acque minerali, sedersi in un caffè o pranzare accompagnati dalle note di un pianoforte e dagli strumenti a corde nella Sala delle Pompe. Musicisti ambulanti, artisti, bancherelle di oggetti antichi, il mercato al coperto di Bath e le strette stradine costellate da stupendi negozi e caffè, sono tutti a pochi passi dagli antichi bagni romani e dall'abbazia.

Ogni anno, sin dal 1947, il festival musicale di Bath rappresenta l'evento più importante del calendario di attività culturali e sociali della città. Nel 1987 Bath venne dichiarata Patrimonio dell'Umanità, a riconoscimento dei suoi importanti tesori.

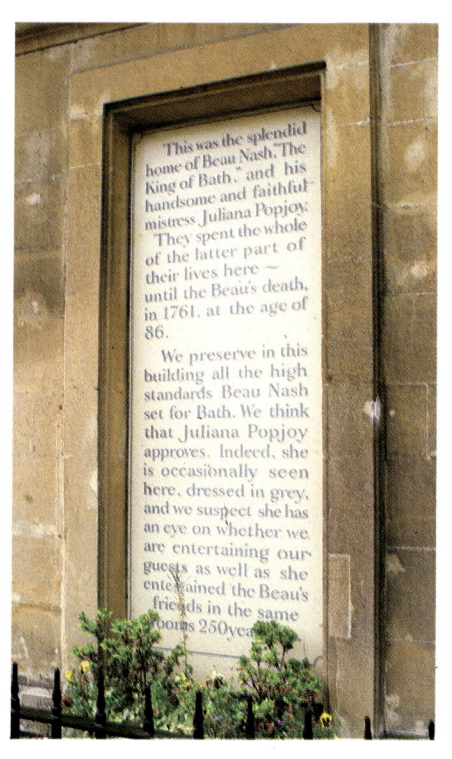

A SINISTRA: La lapide accanto a quello che oggi è il Ristorante Popjoy, contiguo al Teatro Reale.

IN BASSO: Un artista impegnato a disegnare sul marciapiede della città.

ESTREMA DESTRA: I musicisti della strada sono una caratteristica familiare della città.

A DESTRA: Il mercato al coperto, accanto al Guildhall (Palazzo delle Corporazioni). Il mercato è ospitato in questo edificio dal giorno in cui venne concesso il permesso per autorità reale, nell'epoca medievale.

26 LUOGHI DA VISITARE

IN ALTO: Il Museo dell'Ufficio postale di Bath
Broad Street
Un edificio che riflette l'importanza di Bath nella storia del servizio postale. Tra le esposizioni si cita quella intitolata "100 anni di Francobolli in Gran Bretagna".

A DESTRA: Il Museo del Costume
Sale dell'Assemblea, Bennett Street
Una delle più pregiate collezioni di abbigliamento del mondo.

IN ALTO: Il centro di studi artigianali ed il Museo Holbourne of Menstrie
Great Pulteney Street
Ospita una stupenda collezione di opere di grandi maestri tra i quali Gainsborough, Reynolds e Stubbs, oltre ad una esposizione di miniature e figurine del XVIII e XIX secolo, ed una raccolta di miniature del XVII secolo di Thomas Forster.

A DESTRA: Centro Huntingdon
The Paragon
Ospita l'esposizione "Edifici di Bath".

IN ALTO: Il negozio del Sig. Bowler
Julian Road
Ricostruzione di una fonderia di ottone dell'epoca vittoriana e sede di numerose esposizioni.

IN ALTO: Il Museo americano
A c. 4 km ad est, in Claverton Manor
Le esposizioni ospitate nelle 18 stanze ammobiliate in stile d'epoca, ricreano scene di vita americana del XVII e XVIII secolo.

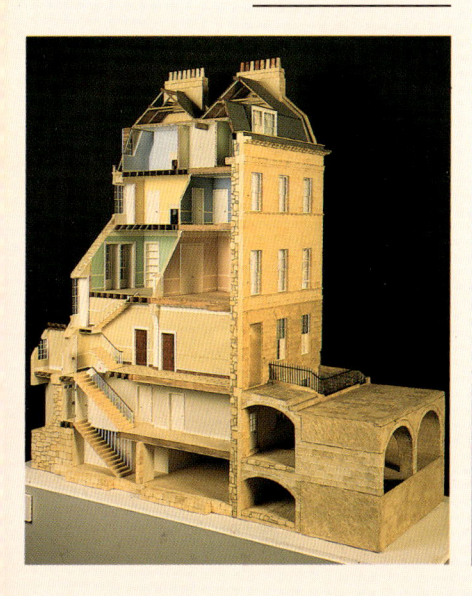

Il Museo del Libro
Manvers Street
Descrive la storia della rilegatura dei libri, arte per la quale Bath è famosa.

Centro di ricerche di moda
4 The Circus
Una estensione del Museo del Costume, che offre agli studenti del settore un centro di studio e di ricerca.

Casa e museo di Herschel (vedi pag. 10)

Museo dell'arte naif inglese
The Paragon
Ospita la raccolta Crane Kalman di opere d'arte naif inglese 1750–1900.

N. 1 Royal Crescent (vedi pag. 17)

Museo dei Bagni romani (vedi pag. 2)

Centro nazionale di fotografia della Royal Photographic Society
Milsom Street
Una vasta raccolta di fotografie storiche ed apparecchiature fotografiche.

Galleria d'arte Victoria
Bridge Street
La raccolta include le opere di maestri europei e dipinti e disegni di artisti inglesi del XVIII–XX secolo.

Giardino georgiano
Gravel Walk
Un giardino unico nel suo genere, in stile originale del XVIII secolo.

Rimessa delle imbarcazioni
Forester Road
Per chi desidera imparare ad andare in barchino o noleggiare una canoa.

Torre e Museo Beckford
Lansdown
Le due stanze di cui si compone il museo illustrano nei minimi particolari la vita di William Beckford a Fonthill ed a Bath. Dal Belvedere si può ammirare una stupenda vista panoramica.

Abbazia di Bath (vedi pag. 6)

Centro informazioni turistiche
York Street

Palazzo delle Corporazioni
High Street
Durante i giorni feriali è possibile visitare la sala dei banchetti, del XVIII secolo, con i suoi stupendi candelabri e ritratti.

Il Centro di Bath

Luogo di interesse ■	Toilette	MW
Luogo di culto +	Centro informazioni turisti	i
Circolazione vietáta ■	Parcheggio	P
Strada a senso unico →	Vista panoramica	✳

Metres: 150 100 0 100 150 Yards

La pianta qui riprodotta è una versione semplificata della
Town and Heritage Map of Bath
Riveduto da MicroMap, Romsey 1993, corretto 1996
© George Philip Ltd., London

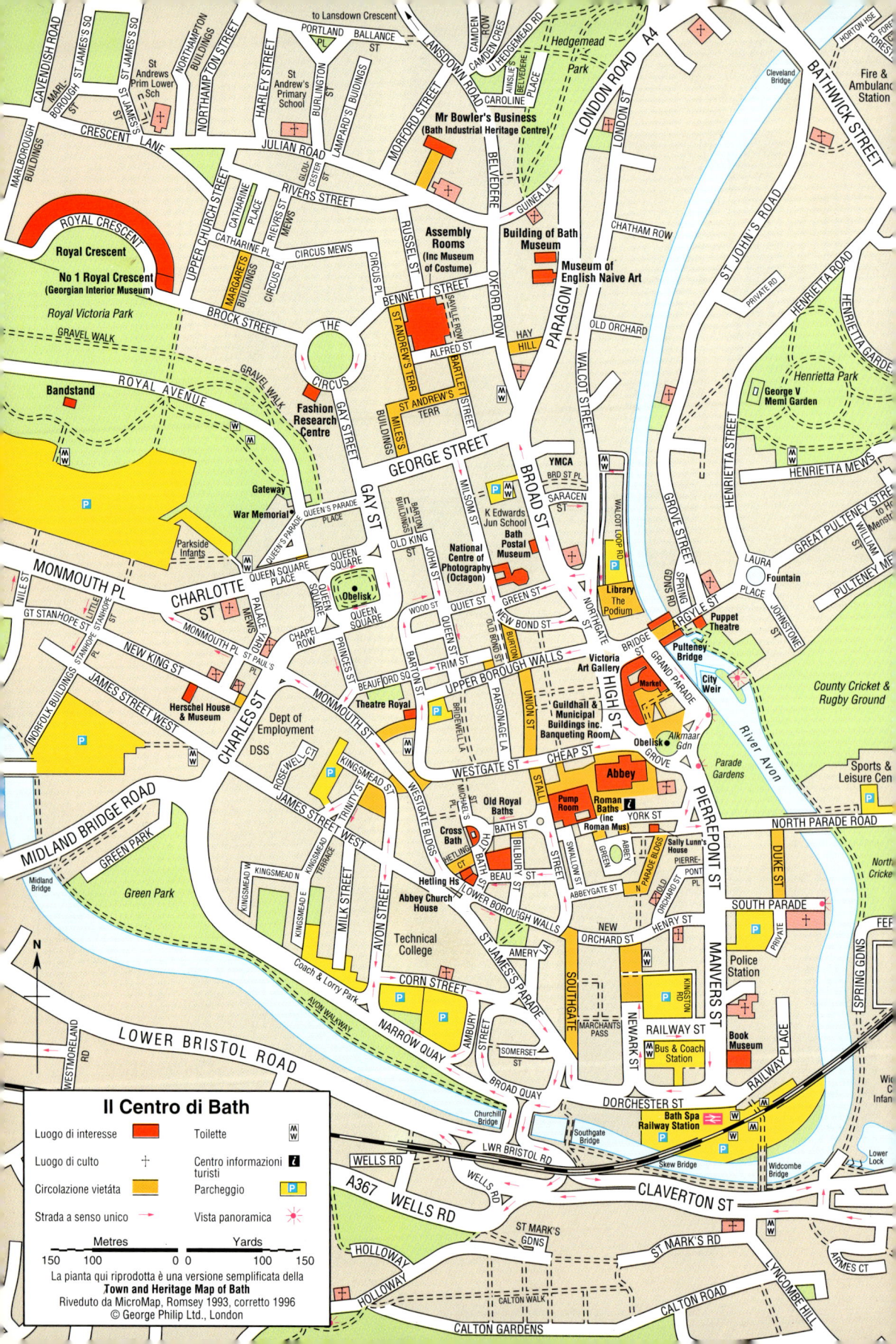